觀音聖籤易解

方哲倫　著

目錄

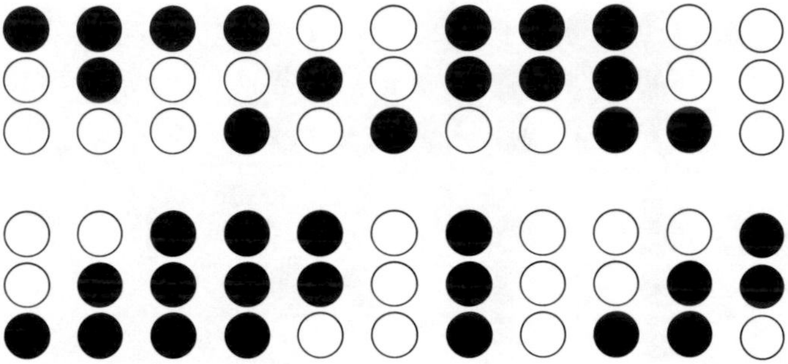

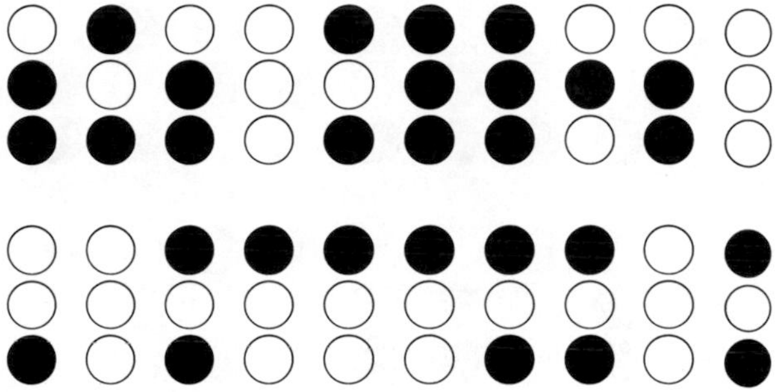

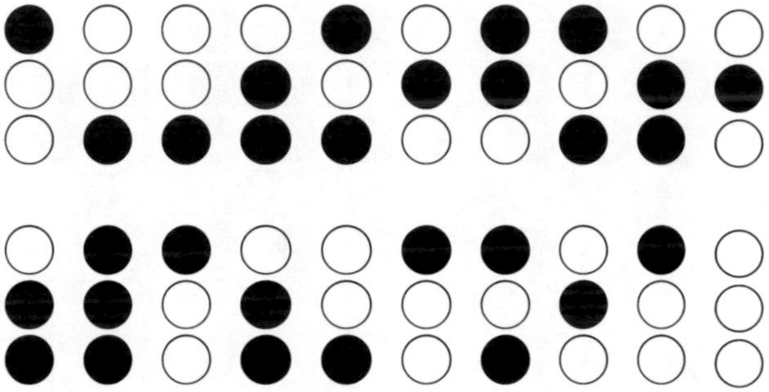

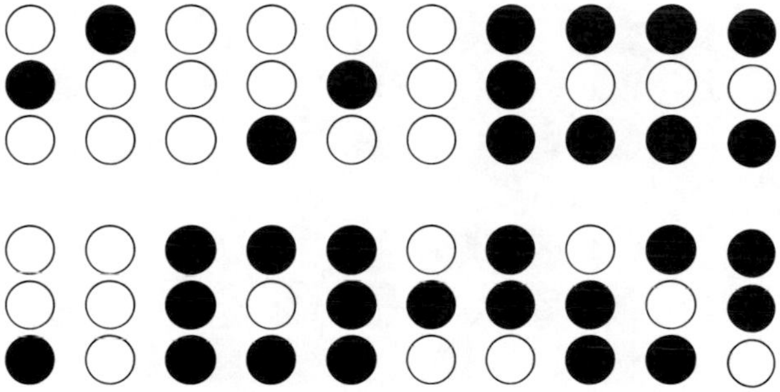

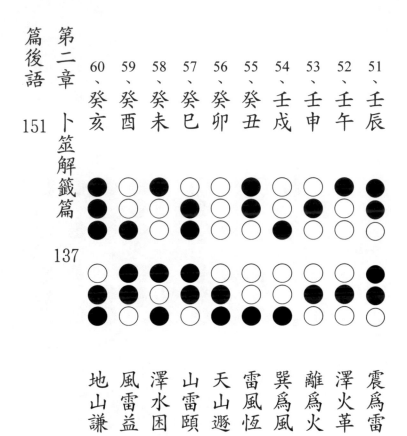

前言

由於唐詩、宋詞體材不同，唐詩講究結構工整、宋詞相對自由白話，由此可知六十甲子籤詩詩詞源自於宋朝。

宋朝時期政權與宗教結合，導致儒、道、釋互相攻擊，宋徽宗因聽信林靈素之言，進而毀滅佛教、改佛為道，一連串的廢佛行動促使士大夫僧用道藏佛，以易經易理結合文字禪的應用，將禪宗不直接以言語開示的法則，藉由籤詩詩文取代言語作為開導之用，進而衍生成六十甲子籤詩，為了讓後世知曉籤詩乃由易理演變而來，因此在籤詩詩詞旁皆附上卦象（如下圖所示：●●●○○○）。

易經卜卦之理乃將大衍之數五十扣除一之數（四十九）作為卜卦變卦之用，因此古人將四十九首籤詩所搭配之卦象順序打亂，藉此暗示四十九首籤詩配卦是有經過變動的，盼望後人能有所體悟，有朝一日將之撥亂反正。

六十甲子籤詩配卦之錯誤，經歷千年以來仍無人可以追本溯源、返回正宗，作者在三年期間一再的修改及驗證，反覆地編排卦辭與詩文，歷經一次又一次的挫折與失敗仍未百分之百完成，所幸關鍵時刻都有不可思議玄妙之事的指引與提示，方能突破困難，依據易理將籤詩與卦象完美配對，將千年以來的亂象回歸正統！

誠蒙佛指引明燈方有此書

南無大慈大悲觀世音菩薩

戊戌年夏至　林傳緣

第一章　六十甲子籤詩易解

甲子籤　海中金

日出便見風雲散，
光明清淨照世間，
一向前途通大道，
萬事清吉保平安。

第一首○○○○○○

邵雍云：六龍御天之課
廣大包容之象

䷀

乾為天

乾金
八純

乾元亨利貞

初九　不得其時，隱藏不用。
九二　正心誠意於處世。
九三　進德修業、惕勵行事。
九四　變通以趨時、知進退。
九五　利得賢人之輔佐。
上九　高亢驕傲、動則有災、不動則可。

【註解】

乾日一出來，一切的邪氣就會風消雲散，它的光明、清靜普照世間（慧日常在虛空，光明自然不照而照），吾人當深切明白陰陽始終之道理，時常運用乾卦六爻的法則（修六波羅蜜），堅守正道、努力奮進，前途將會亨通、萬事清吉（心清淨），神佛及上天自會保佑的。

甲寅籤　大溪水

于今此景正當時，
看看欲吐百花魁，
若能遇得春色到，
一洒清吉脫塵埃。

第二首○●●○●○

邵雍云：猛虎寄掛岩之課
光明通泰之象

䷕

山火賁　艮土一世

賁亨小利有攸往

初九　安守本分，踏實而行。

六二　守中至正、充實修行、附賢以興。

九三　永遠守著正道就吉利。

六四　德智雙修、潔白修飾、終無過失。

六五　禮聘隱士終究能吉利。

上九　安分守己、反璞歸真，則無災禍。

【註解】

嚴寒冷冬的山上，正是冬季花朵盛開之際，山下同時伴隨著百花含苞待放、爭豔奪后的嬌豔花苞，此時此景照亮了山野，猶如修飾色彩繽紛的一幅畫，等到春天到來，將會迎來嶄新的氣象與風貌。

適時學修行　精進開智慧

大自然啟示　心明而見性

甲辰籤　覆燈火

勸君把定心莫虛，
天註衣祿自有餘，
和合重重常吉慶，
時來終遇得明珠。

第三首○○●○●○

邵雍云：入海求珠之課
開花結子之象

風火家人　巽木二世

家人利女貞

初九　修身齊家、堅持正道，不會後悔。

六二　堅守正道、享献禮節，是吉利的。

九三　詭隨散漫做事，終必家業破敗而吝。

六四　和順守正，大吉。

九五　大中至正，勿用憂慮，吉利。

上九　誠信與威嚴並施可得吉利。

【註解】

當光明受到了傷害，事業、感情沒了方向之際，記得內心不要徬徨無助，畢竟一生的繁榮與緣分皆已註定，只要歸返家中，努力地做好自己家中角色該盡的責任，堅守正道、修身齊家，等到時機成熟的那一天，終能獲得心中所期望的美好結果。

甲午籤　沙中金

風恬浪靜可行船，
恰是中秋月一輪，
凡事不須多憂慮，
福祿自有慶家門。

第四首●●●○○○

邵雍云：天地交通之課
小往大來之象

䷊

地天泰　坤土　三世

泰小往大來吉亨

初九　尋求志同道合者，可以一同創業，是吉利的。

九二　創業合夥者，需有包容、無私之心，並且行為中正則前景光明。

九三　創業過程起伏不定，唯艱守正道事業才能常保安泰。

六四　甘願將財富施於民，故上下皆相誠信。

六五　創業期間用人以賢，彼此同心協力、溝通協調，事事大吉順利。

上六　事業發展逐漸衰敗，儘管策略正確、合乎正道，仍止不住敗勢。

【註解】

風平浪靜的河面，正是行舟最好的時候，河面照映著一輪明月，恰是中秋月圓之際，此刻美景猶如陰陽之氣相交亨通之象。

凡事不管遭遇多麼艱困的難關，只要堅守著正道，最終將會成功通達、事事吉利的。

甲申籤　泉中水

只恐前途明有變，
勸君作急可宜先，
且守長江無大事，
命逢太白守身邊。

第五首○●●●●●

邵雍云：去舊生新之課
群陰盡剝之象

䷖ 山地剝　乾金五世

剝不利有攸往

初六　滅下則正削而凶來。

六二　如不守正道，則有凶禍。

六三　獨從事於正道，所以無災殃。

六四　禍害迫近身，故凶。

六五　寵小人不害正事，則終無過失。

上九　君子得人民擁戴，小人則會被消滅。

【註解】

前途與功名的追求不如預期中如意，好比道德、正義已被剝奪，因此不利於前往，如果堅決前往則將遭受小人危害之困境。

處在如此不利於君子發揮的環境下，唯有明哲保身，以待時機的到來，到時才能有所作為與發揮。

甲戌籤　山頭火

風雲致雨落洋洋，
天災時氣必有傷，
命內此事難和合，
更逢一足出外鄉。

第六首●●●○●○

邵雍云：鳳凰垂翼之課
出明入暗之象

地火明夷

坎水
遊魂

明夷利艱貞

初九
君子避傷害，恥食其祿，
遯藏而困窮，義當然也

六二
居中守正順，時自處，
終能遠避傷害，故吉。

九三
不可急切匡正，當漸漸
地改革。

六四
深知將受傷害，離開以
避災難。

六五
委曲藏明德、艱難守正
道則光明不息。

上六
不明而晦，當失去法則
初則得意、終至失敗。

【註解】

風起雲湧帶來了傾盆豪雨，天災降臨時總是重創了元氣，猶如光明落入地下一般。既然命中註定此事不會有合作的可能，何不在艱難中堅守著正道，離開此處另外開創一片天呢？

乙丑籤　海中金

雲開月出見分明，
不須進退問前程，
婚姻皆由天註定，
和合清吉萬事成。

第七首●●●●●●

邵雍云：生萬物而載之課
博厚無疆之象

䷁

坤為地　坤土 八純

坤元亨利牝馬之貞君子有攸往先迷後得主利西南得朋東北喪朋安貞吉

初六　防微杜漸、戒慎恐懼。

六二　處世為人無私、柔順中正無不利。

六三　努力進取、有善良美質，必有成。

六四　謹言慎行、可免禍害。

六五　篤守中道、謙下待人，乃得大吉。

上六　兩敗俱傷。

【註解】

阻礙視野的烏雲漸漸散開，躲在雲層之後的月亮（坤為月）重新顯露光明，猶如不順遂的前途已經開始邁向光明之路，不需在進退之間感到迷惘，只要憑藉牝馬般柔順及剛健的精神與態度，秉持順其自然的心態往正道邁進，終將有好的結果在前方等著。

世間萬物皆由陰陽之道孕育而生，因此只要

穩健地堅守正道（西南以其同類而行），日後無論在婚姻、事業等發展上（東北陽陰配合乃得吉慶），皆會有如上天幫助般自然地找到合適的對象，順利地完成所有計畫中之事情。

心地經云：

眾生心猶如大地，大地能生五穀五果草木；吾心亦能出生所有一切萬法，即餓鬼畜生，凡聖皆由心出。

乙卯籤　大溪水

禾稻看看結成完，
此事必定兩相全，
回到家中寬心坐，
妻兒鼓舞樂團圓。

第八首●○○●○○

邵雍云：江湖養物之課
天降澤雨之象

兌亨利貞

兌為澤　兌金　八純

初九　能夠以和諧喜悅的態度去做人處事，是吉利的。

九二　凡事誠信和悅，吉利不會後悔。

六三　巧言令色以取悅於人，有凶災。

九四　堅毅勤勞處世，故有喜慶。

九五　聽信於小人、喜悅於邪道，危險的。

上六　思索如何引誘他人一同尋歡作樂，此舉不光明。

【註解】

田野裡結滿了黃金般稻穗，只要堅固守正道，肯勤奮耕耘，必定會有豐盛的收穫，這兩者是相互關聯著的。

好的收成帶來愉悅的心情，妻子及小孩無不喜悅地載歌載舞，一家團圓慶祝這開心的成果。

乙巳籤　覆燈火

龍虎相隨在深山，
君爾何須背後看，
不知此去相愛悞，
他日與我却無干。

第九首●○○●●○

邵雍云：良工琢玉之課
如推水車之象

䷐ 澤雷隨　震木　歸魂

隨元亨利貞无咎

初九　跟從行正道的主管是有利的。

六二　近朱者赤、近墨者黑，因小失大、貪圖近利。

六三　須堅守正道，方可無災禍。

九四　求利必凶、誠信守道、明哲保身、始免災咎。

九五　位正而中、誠信孚和、人悅而隨、吉利之道。

上六　待人以誠、擇善執正。

【註解】

龍（宋徽宗）與虎（林靈素）兩人相隨到後宮（深山），討論著如何毀佛的種種事宜，儘管國運將會因為不正道的行為而衰敗，日後此結果也是與佛毫無關聯了。

乙未籤　沙中金

花開結子一半枯，
可惜今年汝虛度，
漸漸日落西山去，
勸君不用向前途。

第十首○○○●●○

邵雍云：石中蘊玉之課
守舊安常之象

天雷无妄　巽木四世

无妄元亨利貞
其匪正有眚不利有攸往

初九　凡事誠心誠意而往則吉利。
六二　沒有不勞而獲之事。
六三　不守正道則得意外災害。
九四　堅守正道則無災殃。
九五　大中至正、真誠有喜慶。
上九　處窮極不可有行，行則有災害。

【註解】

花開結子卻有一半是枯萎的，努力了一整年卻沒有豐盛的收穫，可惜了光陰虛度。

太陽漸漸西下，夜幕慢慢升起，奉勸諸君如果不堅守正道，將會遭遇災眚，不利於目的地的前往。

乙酉籤　泉中水

靈雞漸漸見分明，
凡事且看子丑寅，
雲開月出照天下，
郎君即便見太平。

第十一首○○●○●●

邵雍云：高山植木之課
積小成大之象

䷴ 風山漸　艮土 歸魂

漸女歸吉利貞

初六　初出茅廬有危險，行事合理無災過。

六二　居中得正、漸進吉利。

九三　往凶，不離群順以相保。

六四　順而謙卑恭遜，無災過。

九五　大中至正，終吉。

上九　清高廉潔，吉。

【註解】

靈雞的啼叫聲劃破了寂靜的夜，壟罩大地的黑幕漸漸明亮了起來，凡事只要按照子、丑、寅（即照按部就班、循序漸進地執行），結果將會有如雲層散開、明月照亮大地般的開闊、明朗。

乙亥籤　山頭火

長江風浪漸漸靜，
于今得進可安寧，
必有貴人相扶助，
凶事脫出見太平。

第十二首●●●○○●

邵雍云：高山植木之課
積小成大之象

䷭ 地風升　震木四世

升元亨用見大人勿恤
南征吉

初六　確信可以得上升，大吉。

九二　誠信在中，能勤儉無災害。

九三　無疑問容易上升。

六四　安分守己、吉，無罪過。

六五　堅守正道則吉利升。

上六　沉迷於上升不好，堅守正道無災禍。

【註解】

長江的風浪已漸漸平靜了，現在可以輕舟向著光明的前途前進，只要永不止息地堅守正道、努力邁進，即使途中遭遇到困境，必定會有貴人伸出援手相助，最終得以逢凶化吉、保平安。

但若只是一味求進，而不知止於至善，將有破敗之災咎。

丙子籤　澗下水

命中正逢羅孛關，
用盡心機總未休，
作福問神難得過，
恰是行舟上高灘。

第十三首●●○○○○

邵雍云：羝羊觸藩之課
先曲後順之象

䷡ 雷天大壯　坤土 四世

大壯利貞

初九　有勇無謀，往凶。

九二　外剛內柔、堅守正道，吉利。

九三　過剛不中，多凶；雖正亦有危險。

九四　堅持剛正之道而前進，無悔恨。

六五　不能謹慎、又不守正，必定有損失，但守中則無後悔。

上六　進退不得，無有利；忍耐待時，會吉利。

【註解】

當事業與運勢正處於興盛之際，猶如雷在天上之氣勢時，所作所為更需要遵循正道而行，若是偏好旁門左道，前途勢必遭遇傷害，儘管求神問卜尋求解答，依舊陷入如同小舟擱淺於高灘般不能退、不能進的困境。

丙寅籤　爐中火

財中漸漸見分明，
花開花謝結子成，
寬心且看月中桂，
郎君即便見太平。

第十四首●●○●●●

邵雍云：鳳凰生雛之課
萬物發生之象

䷏ 震木 一世

雷地豫

豫利建侯行師

初六　安於享樂，終必至凶。
六二　守中守正、洞燭機先，吉利。
六三　不努力奮發，定失望而後悔。
九四　動而眾悅從，會大有所得。
六五　蘊存著大中之道，不會滅亡。
上六　深沉享受不長久，改變冥豫則吉利。

【註解】

前途與財富之路漸漸明朗、清晰，只要能順應著天時（花開、花謝與結子皆為大自然節氣、天時之表現）提前作準備，待中秋月圓之時，前景便將寬廣太平。

丙辰籤　沙中土

八十原來是太公，
看看晚景遇文王，
目下緊事休相問，
勸君且守待運通。

第十五首○○●○○○

邵雍云：匣藏寶劍之課
密雲不雨之象

䷈

風天小畜　巽木 一世

小畜亨密雲不雨自我西郊

初九 堅守本份不踰矩，是吉利的。
九二 剛中守正、相時而動，吉。
九三 彼此不和、不能成事。
六四 有誠信、警惕戒懼，可免除危險。
九五 有福同享，不貪圖個人的滿足。
上九 目前局勢小人當道，凡事謹慎小心為佳。

【註解】

姜太公直到八十歲時仍然懷才不遇，只好在渭水河畔釣魚，等待時機的到來，一直等到周文王慕名而來拜訪，建立功名的機會才終於降臨。

目前機會尚未來臨的你，無須多問也不必苦悶，只要持續累積自己的能力與德行，靜靜地等待時機，勢必能像太公運氣亨通。

丙午籤　天河水

不須作福不須求，
用盡心機總未休，
陽世不知陰世事，
官法如爐不自由。

第十六首○●○●●○

邵雍云：日中市集之課

頤中有物之象

䷔　火雷噬嗑

坤土
三世

噬嗑亨利用獄

初九　知錯能改不再犯，無罪過。

六二　中正行事則無有罪過。

六三　遇困難未能果決處理，小有懊惱，無大災害。

九四　在艱難之中，堅守正道吉。

六五　唯以中道輔以剛強，守以正道則無罪過。

上九　不中不正且不知悔改一再犯錯，凶。

【註解】

福份的到來不須強求，也無法強取，就算用盡心機結果總是令人失望，其實凡事的不順遂都起因於中間有阻礙，只要除去間隔物就暢通了。陽間的人不知道陰間因果循環、善惡果報之事，俗諺云：「人心似鐵，官法如爐」，唯有申明刑罰，以法律之，方能撥亂反正。

丙申籤　山下火

舊恨重重未改為，
家中禍患不臨身，
須當謹防宜作福，
龍蛇交會得和合。

第十七首●○●●●●

邵雍云：眾星拱北之課
水地上行之象

䷇ 水地比　坤土 歸魂

比吉原筮元永貞无咎
不寧方來後夫凶

初六　誠信待人，就無災害。
六二　堅守中正之道，吉利。
六三　親近不中不正之人，會悲傷。
六四　親近正直賢明之人，是吉利的。
九五　寬容的仁道處事，是吉利的。
上六　高傲至極，不得善終。

【註解】

競爭的結果難免有所輸贏，既然輸了就不要把怨恨與悔恨記在心頭，儘管短時間內不會遭受局勢變革的迫害，但仍須謹慎行事，秉持正道而行，如果能進一步追隨及輔佐賢德與堅守正道之偉大領導人，進而與四方賢能之士會合，勢必亨通而沒有災咎阿！

丙戌籤　屋上土

君問中間此言因，
看看祿馬拱前程，
若得貴人多得利，
和合自有兩分明。

第十八首●○○●●●

邵雍云：龍魚會聚之課
如水就下之象

䷬

澤地萃　兌金 二世

萃亨王假有廟利見大人亨利貞用大牲吉利有攸往

初六　不要憂慮迷亂，可以前往沒有災過。

六二　守中守正、以誠待人、不計較利益，則無罪過。

六三　勇敢的前往，無災害。

九四　謹慎行事則大吉，無罪過。

九五　居中守正則位正當，沒有罪過。

上六　知所惕勵、謹慎小心，無災禍。

【註解】

如何有效聚集人心、以及未來如何前途似錦是你想要知道的，其實只要秉持著和順愉悅的心情，並堅持著中庸正道，用心禮賢下士，便能團結人心。

堅守誠意拜見有賢德之大人，只要有大人的輔佐，事業將會成功、亨通。

丁丑籤　澗下水

富貴由命天註定，
心高必然誤君期，
不然自回依舊路，
雲開月出自輝煌。

第十九首 ●●○○●●

邵雍云：飛鳥遺音之課
上逆下順之象

䷽ 雷山小過　兌金 遊魂

小過亨利貞可小事
不可大事飛鳥遺之音
不宜上宜下大吉

初六　位小志大，有凶。

六二　居中守正、懷德謙虛，無災殃。

九三　當防小人超越之凶險。

九四　能剛能柔、隨處合宜，無災害。

六五　陰陽失調，無法成大事，只能小取得。

上六　過于抗極，有災殃。

【註解】

人的一生富貴與否，在出生落地時即已注定，猶如一個人的天賦能力，也是天生就賦予的，如果堅決勉強自己從事超出自己能力太多的事情，勢必延誤結果。

只要回到自己能力所及，或是超出能力一些的旅途上，相信前途會如雲開見月般的光明。

丁卯籤　爐中火

前途功名未得意，
只恐命內有交加，
兩家必定防損失，
勸君且退莫咨嗟。

第二十首●○○○○●

邵雍云：寒木生花之課
本末皆弱之象

䷛ 澤風大過　震木 遊魂

大過棟橈利有攸往亨

初六　柔順處下，謹慎行事，無災害。

九二　剛柔相濟、守中行事則無不利。

九三　凡事過於剛強、不可以有輔助而致凶。

九四　剛柔並施能拯救其弱，吉。若為他人所拖累則吝。

九五　守中守正但下無輔佐應助，無罪過也無聲譽。

上六　位居險之極，明知不可為而為，

【註解】

當前途事業與功名都未能稱心得意，恐怕是命中尚有坎坷的運數需要度過。生不逢時或逢時但才能不足皆不可過。家中老小須慎防，隨時關照顧其健康才能預防損失。

勸你凡事退讓不爭進，才不會唉聲嘆氣。

丁巳籤　沙中土

十方佛法有靈通，
大難禍患不相同，
紅日當空常照耀，
還有貴人到家堂。

第二十一首○○○●○●

邵雍云：俊鷹逐兔之課
天水相違之象

䷅

天水訟　離火　遊魂

訟有孚窒惕中吉終凶
利見大人不利涉大川

初六　能忍讓不爭執，終獲吉。
九二　剛強處險，退而不爭則無事。
六三　柔忍順從，吉利。自己創業不中不正有危險。
九四　安穩守正道，是吉利的。
九五　中正處理事情，是吉利的。
上九　無恩不受祿，暫得富貴終必失之。

【註解】

十方佛法靈通無邊，只要心中秉持著虔誠信念，即使遭遇大難禍患時，結果也會有所不同的，唯有堅守中正、謹慎與善良，福田自然會到來。

太陽每日無私的普照大地，就像神佛一視同仁的關照世人，為善則會迎來貴人來相助。

丁未籤　天河水

太公家業八十成，
月出光輝四海明，
命內自然逢大吉，
茅屋中間百事亨。

第二十二首○●●○○○

邵雍云：龍潛大壑之課
小積大成之象

䷙　山天大畜　艮土　二世

大畜利貞不家食吉
利涉大川

初九　蓄養才德待時，不冒犯災難而行。
九二　不可燥進、待機而動。
九三　平時勤於練習，利於前往。
六四　凡事慎始防微，大善吉利。
六五　不越規、守中道，吉。
上九　凡事通達順暢，前程亨通。

【註解】

姜太公八十歲才成立家業，當才德與能力積蓄飽滿後，則有利於向外發展，突破難關開創出屬於自己的未來，前途猶如被月光照耀的光明海面。

當時機尚未到來前，則暫時在家累積才德及能力，這段等待的時間反而使將來能夠百事亨通成功。

丁酉籤　山下火

欲去長江水濶茫，
前途未遂運未通，
如今絲綸常在手，
只恐魚水不相逢。

第二十三首○●○●○●

邵雍云：求珠竭海之課

憂中望喜之象

䷿

火水未濟

離火　三世

未濟亨小狐汔濟濡其尾无攸利

初六　不自量力、貿然行事，有悔恨。

九二　守中行事，儘管辛勞處險，吉。

六三　不中不正、有所前往，有凶險。

九四　陽剛之才、堅守正道、吉而無悔。

六五　用賢以持正而獲吉，無後悔。

上九　享受不知節制，定必樂極生悲。

【註解】

想到長江垂釣，卻見長江遼闊無際的江面，不禁對自己的前途與未來感到迷惘，運勢未通亦如未能渡過彼岸之寫照，儘管手執釣竿，魚水卻猶如水火未濟般水火不相交。

丁亥籤　屋上土

月出光輝四海明，
前途祿位見太平，
浮雲掃退終無事，
可保禍患不臨身。

第二十四首●●●●○●

邵雍云：天馬出群之課
以寡伏眾之象

䷆ 地水師　坎水　歸魂

師貞丈人吉无咎

初六　紀律散亂無法則則凶。

九二　守中行事，吉利沒有罪過。

六三　不中不正、德不配位，凶。

六四　凡事知所進退，則沒有災咎。

六五　用人不當、雖正也凶
命賢得人、則能成功。

上六　不委任於小人。

【註解】

月亮的光輝照亮了大海，猶如大地（坤卦）底下聚集了水源（坎卦）一般，看似行走在危險道路，然而只要過程堅守著正道，一切的困境將會彷彿浮雲般散去，最終的結果也會是无咎、吉利的。

戊子籤　霹靂火

總是前途莫心勞，
求神問聖枉是多，
但看雞犬日過後，
不須作福事如何。

第二十五首●●●●○○

邵雍云：雞入鳳群之課

以上臨下之象

䷒ 地澤臨

坤土　二世

臨元亨利貞至于八月有凶

初九　凡事堅守正道，就能吉利喜慶。

九二　被感動而感應之，無不利。

六三　深思憂慮而能改之，則無災過。

六四　柔順守正且禮賢下士，無災殃。

六五　柔中順賢、知人善任，故吉利。

上六　敦厚行事、尊賢取善，吉利無災

【註解】

前途道路的風景為何，總有命運巧妙地安排，只要秉持堅守著正道、努力耕耘，何須費盡心思去求神問卜呢。

當下所遭遇到的疑難、困惑，只要耐心等待『酉』、『戌』日過去後，結果自然明朗，完全不用再去祈福、問神了。

戊寅籤　城頭土

選出牡丹第一枝，
勸君折取莫遲疑，
世間若問相知處，
萬事逢春正及時。

第二十六首●○●●○○

邵雍云：船行橫風之課
寒暑有節之象

水澤節　坎水一世

節亨苦節不可貞

初九　知曉通達閉塞之道，慎密而節制，無罪過。

九二　過於節制應出不出，錯失時機，凶。

六三　不中不正、自致禍災，無所怨咎。

六四　德位守正而承上道，亨通。

九五　守中守正而前進，吉利嘉尚。

上六　處險之上，固守不知變通，凶。

【註解】

從眾多牡丹花叢中千挑萬選選出了最漂亮的一枝，奉勸你不要猶豫，趕快把握機會將它折下，畢竟這是秉持著節省、節約的心而挑選出來的，是亨通的。

天地之大知音何處尋找呢，萬般事只要適逢春天就是好的開始時機，一切行事要及時，不可過度節制而錯失良機。

戊辰籤　大林木

君爾寬心且自由，
門庭清吉家無憂，
財寶自然終吉利，
凡事無傷不用求。

第二十七首 ○○○●○○

邵雍云：如履虎尾之課
安中防危之象

䷉ 天澤履　艮土 五世

履虎尾不咥人亨

初九 獨來獨往，守正行事，就沒有災害。

九二 坦然堅守正道，是吉利的。

六三 凡事皆須量力而為，超出能力所及之事，則凶。

六四 行事戒慎恐懼、態度和悅柔順，是吉利的。

九五 剛愎自用、果決行事、雖正亦危

上九 反省改正，能獲大吉。

【註解】

勸君保持和悅、寬心的心情，自由自在地過生活，不需為了世俗事操心與煩惱，財富與吉利自然而來；只要堅守正道、家中清吉，即使身處危險也不會有所傷害的。

戊午籤　天上火

於今莫作此當時，
虎落平洋被犬欺，
世間凡事何難定，
千山萬水也遲疑。

第二十八首○●●●○●

邵雍云：人藏烟草之課
萬物發生之象

䷃

山水蒙　離火四世

蒙亨匪我求童蒙童蒙求我
初筮告再三瀆瀆則不告
利貞

初六　依規矩而行、放盪會悔恨。
九二　剛柔並施、廣納建言，吉。
六三　不中不正不可用，無有利。
六四　頑固自以為是，會有災禍悔恨。
六五　恭遜接受建言，吉利。
上九　躁進則凶、安守得宜。

【註解】

現在的環境已經不比當時，事業上如果不能自動自發、舉一反三的學習，勢必會陷入虎落平陽被犬欺的局面。

世間之事總會遇到難以抉擇的時候，此時只要遵循正道，運用獨立思考的能力，縱使困難萬分也能一一解決。

戊申籤　大驛土

枯木可惜未逢春，
如今還在暗中藏，
寬心且守風霜退，
還君依舊作乾坤。

第二十九首 ●○●○○○

邵雍云：雲靄中天之課

密雲不雨之象

䷄ 坤土 遊魂

水天需

需有孚光亨貞吉利涉大川

初九　安常自處、等待時機，不冒險前進，無災害。

九二　危險在前不躁進，雖有言語之傷，終吉。

九三　身陷險境、敬慎臨之，不敗。

六四　身處險中，順應形勢而行，方能脫險。

九五　需守中守正、培養有德之士，是吉利的。

上六　深陷坎中進退不得，敬重來援之貴人，終吉。

【註解】

寒冬中的樹木依舊枯萎，眼前唯有靜靜的守候，等待暖和的春天到來，此時只需放寬心情，默默靜守冬霜冰雪退去，待春暖花開之際，即是一展長才、大有作為的時候。

戊戌籤　平地木

漸漸看此月中和，
過後須防未得高，
改變顏色前途去，
凡事必定見重勞。

第三十首○●●○○●

邵雍云：三蠱食血之課
以惡害義之象

山風蠱　巽木　歸魂

蠱元亨利涉大川
先甲三日後甲三日

初六　惕勵辛勤地重振家業，終吉。
九二　巽遜謙讓不過剛，中道自守。
九三　剛強行事，雖小有悔終無大過。
六四　寬裕擴大，則有悔吝。
六五　委用賢能、以德承業、獲得榮譽。
上九　高尚節操，獨善其身。

【註解】

世間事千變萬化，這個月中局勢尚且平和，然而過了這個月後局面將會趨於混亂，因此不要過於寬裕擴大原本事業，須有所保留。

此時此刻唯有改變以往作法，事先做好規劃（先甲三日）、謹慎行事，事後反覆檢討與改進（後甲三日），只要行事不過於急躁，步步小心經營，雖然辛勞但卻無大災咎。

己丑籤　霹靂火

綠柳蒼蒼正當時，
任君此去作乾坤，
花果結實無殘謝，
福祿自有慶家門。

第三十一首○●○○○○

邵雍云：金玉滿堂之課
日麗中天之象

火天大有

乾金
歸魂

大有元亨

初九　競競業業不自滿，則無有罪過。
九二　剛中而有所前往，無災咎。
九三　守正可亨通，自私圖利則有害。
九四　行事依理、謙卑待人，就無災害。
六五　行事誠信、守中道吉。
上九　凡事踐履誠信、順天合道，吉祥福慶無不利。

【註解】

現在正是楊柳蒼翠成蔭的季節，也是你勇於開創屬於自己天下與事業的好時機。

凡事只要憑藉著謙虛、柔和的態度，並且剛健勤奮地努力耕耘，必然會有著豐盛收穫，自然家門也會福祿滿盈。

己卯籤　城頭土

龍虎相交在門前，
此事必定兩相連，
黃金忽然變成鐵，
何用作福問神仙。

第三十二首○●●●○○

邵雍云：鑿石見玉之課
握土成山之象

䷨ 山澤損　三世　艮土

損有孚元吉无咎可貞利有攸往
曷之用二簋可用享

初九　既已成為事實，趕快設法補救就無災咎。

九二　剛中自守，妄動前往則凶。

六三　兩人意見互補，三人以上雜亂。

六四　快速改過自身缺失，喜慶無災殃。

六五　順人意、守中道，自天祐之，大吉。

上九　努力奮鬥、用正而吉、利有攸往

【註解】

龍（宋徽宗）與虎（林靈素）商討著如何毀佛事宜，殊不知毀佛行動將會導致國運及道教的衰敗；不依正道而行，儘管原本具備有如黃金般的運勢，也將會轉眼變成廢鐵，此事何須再問神仙呢？

己巳籤　大林木

欲去長江水濶茫，
行船把定未遭風，
戶內用心再作福，
看看魚水得相逢。

第三十三首 ●○●○●○

邵雍云：舟楫濟川之課
陰陽配合之象

䷾ 水火既濟　坎水 三世

既濟亨小利貞初吉終亂

初九　謹慎行事、不輕舉妄動、無咎。

六二　行中道、守貞正，失而復得。

九三　勤苦經營而有成、柔弱則不能復興。

六四　戒慎恐懼、居安思危則無罪過。

九五　守中至正、勤儉受福。

上六　不知節制、樂極生悲。

【註解】

想要外出打拼事業，中途揚帆行舟準備渡過廣闊的長江時，卻沒有風力來相助，回過頭想想，只要安分守己地將已經成就的事業照顧好，福份自然呈現眼前，猶如魚水相逢般地各得其利（剛柔正而位當也）。

己未籤　天上火

危險高山行過盡，
莫嫌此路有重重，
若見蘭桂漸漸發，
去蛇反轉變成龍。

第三十四首 ●●○●○●

邵雍云：春雷行雨之課
憂散喜生之象

䷧ 雷水解　震木二世

解利西南无所往其來復吉有攸往夙吉

初六　患難既解，唯自處得宜則無罪過。

九二　行中直之道，貞正而吉也。

六三　德不配位、行之不正，咎由自取。

九四　遠小人則君子親。

六五　居尊履中而應守剛，故吉。

上六　柔順得正、居極後動，必有獲而無不利。

【註解】

高山的險峻之處（坎為險）已經安然度過，切記不要抱怨路途有多遙遠，只要秉持著溫順的精神（利西南），用行動去解除災難，前方平坦的康莊大道將會到來。

等到蘭花與桂花開花之際，也將是成長蛻變的時候，是吉利的。

己酉籤　大驛土

此事何須用心機，
前途變怪自然知，
看看此去得和合，
漸漸脫出見太平。

第三十五首○●○●○○

邵雍云：猛虎落陷穽之課

二女同居之象

䷥ 火澤睽　艮土 四世

睽小事吉

初九 謙遜待之，與己乖異的人，可以辟咎。

九二 竭心盡力、以誠扶持，無罪過。

六三 位不正則有艱厄，合以正道、順理而行則有終。

九四 同志相得而無疑，雖危無災害。

六五 守中道、往有喜慶。

上九 疑慮消除、往不失時、合和，吉。

【註解】

此事何必需要運用心機呢，因為彼此志向與想法的違背，難免造成前方局勢的詭譎多變，只要以柔順的態度、愉悅的心情，以及遵從中庸之道去執行，漸漸地混沌的局面將會明朗，結果會是吉利的。

己亥籤　平地木

福如東海壽如山，
君爾何須嘆苦難，
命內自然逢大吉，
祈保分明得平安。

第三十六首●○●○○●

邵雍云：珠藏深淵之課
守靜安常之象

水風井　震木 五世

井改邑不改井无喪无得往來井井汔至亦未繘井羸其瓶凶

初六　柔弱無援、不能及物、為時所棄。

九二　居下位宜向上見賢思齊，養下則不為用。

九三　懷才不遇內心悲痛，明主賞識則有福。

六四　柔順守正、修身養德則無罪過。

九五　中正高潔則至善。

上六　出有源而不窮，既有常而不變，博施而大善、吉。

【註解】

取之不盡、用之不竭的井水水源與君子無窮的德性，猶如東海福份、大山之歲壽啊，君爾何必哀怨嘆息，只要從基層做起，逐步積累修養品德，並且養民澤民、以德用人，自然凡事吉利得平安。

庚子籤　壁上土

運逢得意身顯變，
君爾身中皆有益，
一向前途無難事，
決意之中保清吉。

第三十七首○●●○●●

邵雍云：遊魚避網之課
積小成高之象

䷳

艮為山　艮土 八純

艮其背不獲其身行其庭不見其人无咎

初六　至靜而定、利永貞，行則有過咎

六二　居中得正、不獲承其隨而行，故不快樂。

九三　剛強偏激、其危甚矣。

六四　時止而止、安分守己，無災咎。

六五　柔順居中、言行有序無後悔。

上九　居止之極，敦厚於終，吉。

【註解】

一個人當其適逢好運勢時，身心皆會有明顯的改變，本身所從事的事情也會有好的結果及益處。

做任何事情只要心無旁騖地一心向前邁進，過程將會順暢沒有阻礙，即便遭遇困難阻擋，只要秉持時行則行、時止則止的決斷態度，凡事皆會吉祥、平順。

庚寅籤　松柏木

名顯有意在中間，
不須祈禱心自安，
早晚看看日過後，
即時得意在中間。

第三十八首○○●●○○

邵雍云：鶴鳴子和之課
事有定期之象

䷼

中孚豚魚吉利涉大川利貞

風澤中孚　艮土　遊魂

初九　專心誠信，吉。志不定則不安。

九二　真誠相感應。

六三　自不量力、進退不定、困憊可知。

六四　居正履順、斷絕同類、承上無罪過。

九五　居中守正、誠信以對，無災咎。

上九　雖正亦凶，何況不正。

【註解】

凡事守中守正、堅守正道，名譽聲望自然會顯達，只要內心保有誠信，無須祈神求佛便能安心自在。太陽從東方升起日落西山，數千年以來大自然皆依循著不變的定律在運行，因此只要秉持誠信與中庸之道，方能自在得意。

庚辰籤　白臘金

意中若問神仙路，
勸爾且退望高樓，
寬心且守寬心坐，
必然遇得貴人扶。

第三十九首○○●●●●

邵雍云：雲捲晴空之課
春花競發之象

䷓　風地觀　乾金　四世

觀盥而不薦有孚顒若

初六　眼光淺短、思想狹隘必有悔吝。
六二　視野狹隘、見識短缺則不恰當。
六三　眼光獨到、進退得宜，未失道。
六四　柔順得正、順理以服之。
九五　時刻審查自身德行、上行下效則無災咎。
上九　進德修業、日省吾身，無災咎。

【註解】

如果你意中想要尋求神仙指路，奉勸你不要渴望一步登天，且退後一步觀看高樓如何興建，並且寬心以待做好自己的本份事，相信會適逢貴人相扶持的。

庚午籤　路傍土

平生富貴成祿位，
君家門戶定光輝，
此中必定無損失，
夫妻百歲喜相逢。

第四十首●○○○●●

邵雍云：山澤通氣之課
至誠感神之象

䷞ 澤山咸　兌金 三世

咸亨利貞取女吉

初六　有所感而向外行動。

六二　妄動則凶、居中守正、順理而行就不害。

九三　安分守己則吉利、前往必見吝嗇。

九四　守正則吉而悔亡、私心交感不光大。

九五　中正而偏私、僅得無悔。

上六　感人以言、華而不實。

【註解】

俗話說：『命中有時終須有，命中無時莫強求』，唯有用心感應生命的定律，以正道的方式追求屬於自己的富貴與地位，如此方能亨通無損失。

夫妻相處之道貴在彼此互相感應及相通，和悅相助則喜樂將伴隨左右。

庚申籤　石榴木

今行到手是難推，
高歌暢飲自徘徊，
雞犬相聞消息近，
婚姻夙世結成雙。

第四十一首●○●●●○

邵雍云：龍居淺水之課
萬物始生之象

䷂ 水雷屯　坎水 二世

屯元亨利貞勿用有攸往利建侯

初九　深思籌劃、不可冒然前往。

六二　得中居正、待時而動。

六三　貪祿前進有悔恨之災，君子捨之。

六四　深謀遠慮，前往吉利。

九五　小事得正，可以得吉，做大事雖得正，亦凶。

上六　無業可創、進退兩難。

【註解】

計劃執行至今，與內部人員契合度或對外市場的開拓，皆遭遇許多摩擦與困難（屯剛柔始交而難生），儘管當下處境令人徬徨、難以抉擇，只要等到酉、戌日到來時，一切的徬徨與不知所措皆會有所解答，美好的消息與結果將會來臨。

庚戌籤　釵釧金

一重江水一重山，
誰知此去路又難，
任他改求終不過，
是非終久未得安。

第四十二首 ●○●●○●

邵雍云：船涉重灘之課
外虛中實之象

䷜

坎水
八純

坎為水

習坎有孚維心亨行有尚

初六　身處重險之陷，其道凶也。

九二　身處險中，只可求小得。

六三　陷入險中、進退不得。

六四　處重險而履正、終無過咎。

九五　居中無應、未得光大、坎險不盡、守中守正，故無過咎。

上六　不知悔改、凶。

【註解】

這件事情充滿著重重阻礙，猶如坎卦險中有險一般，每往前一步便遭遇更嚴峻的難題，彷彿越過層層陡峭高山般艱難。

遭逢如此險中有險之困境，就算本身具備卓越能力及智慧，仍然無力挽救目前局勢，前途勢必是非依舊、不得安寧。

辛丑籤　壁上土

一年作事急如飛，
君爾寬心莫遲疑，
貴人還在千里外，
音信月中漸漸知。

第四十三首●○●○●●

邵雍云：飛雁含蘆之課
背明向暗之象

水山蹇　兌金四世

蹇利西南不利東北
利見大人貞吉

初六　冒然前進陷危難、知止而止待時譽。

六二　居中履正、竭盡心力、雖未成功、終無過尤。

九三　衝動前往、災，內而求安、喜。

六四　當位以正、至誠感人、與眾連合、出蹇之道。

九五　居中守正，朋來相助大有為

上六　躁進與不進皆不利，見大德之人則吉利。

【註解】

過去的一年你做事總是急躁不安，因此犯了不少的錯誤，如今只需要放寬心情、不要猶豫不前，儘管貴人還在遠方，但你所期待的結果將在月中漸漸明朗的。

辛卯籤　松柏木

客到前途多得利，
君今何故兩相疑，
雖是中間防進退，
月出光輝得運時。

第四十四首●●●●●○

邵雍云：淘沙見金之課

反復往來之象

䷗ 地雷復　坤土　一世

復亨出入无疾朋來无咎
反復其道七日來復
利有攸往

初九　修身守正、知錯則改，無悔大吉

六二　處中守正、回復善道，吉。

六三　履失履復、未失正道、雖危無過

六四　安守正位、獨復於善，吉。

六五　敦厚履中、復回善道、得免悔吝

上六　迷而不復回善道，凶。

【註解】

賓客遠道而來拜訪，猶如朋友般噓寒問暖，對自己的前途發展是有利的，為何你要心存疑慮呢？

儘管在前途拓展的過程中，難免順遂與挫折伴隨左右，然而只需謹記物極必反、剝極必復循環之道，相信在月光普照大地之時，亦是你的鴻運當頭時。

辛巳籤　白臘金

花開今已結成果，
富貴榮華終到老，
君子小人相會合，
萬事清吉莫煩惱。

第四十五首○○○○●○

邵雍云：遊魚從水之課
二人分金之象

天火同人　離火　歸魂

同人于野亨利涉大川利君子貞

初九　與人同道無災咎。

六二　只與私親和同，有災咎。

九三　安分守己則無災禍。

九四　受困時能返回道義，吉。

九五　大中至正、先難後易，可以和同

上九　安分守己，無悔吝。

【註解】

機緣有如花開結果般地成熟了，之前的辛勞換來了榮華富貴，足夠享受一輩子了。

只要打通阻塞不通的障礙，讓小人開始學習君子的德行與才德，慢慢與君子合會後，事情的發展勢必會成功无咎的。

辛未籤　　路傍土

功名祿位與君顯，
前途富貴喜安然，
若是一輪明月照，
十五團圓照滿天。

第四十六首○●○●●●

邵雍云：龍劍出匣之課
　臣以君遇之象

䷢ 火地晉　乾金遊魂

晉康侯用錫馬蕃庶晝日三接

初六　進退以正則吉利、寬裕進德無災過。

六二　履順而正吉、行柔順中正之德必有大福。

六三　柔順上行、與眾同信，故無悔。

九四　不中不正、貪進有危。

六五　得失皆不憂慮，往吉利。

上九　剛強躁進，能反省修道、惕勵謹慎，就吉。

【註解】

光明顯現在地上，象徵著君子德行的顯照，以及大時代有所作為的來臨，因此前途光明似錦，屢屢受長官的禮遇及愛戴，自然祿權環繞身邊，等到十五月圓日、光輝普照之時，就是你鴻運當頭之際。

辛酉籤　石榴木

君爾何須問聖跡，
自己心中皆有益，
于今且看月中旬，
凶事脫出化成吉。

第四十七首○○●●○●

邵雍云：順水行舟之課
大風吹物之象

風水渙

離火五世

渙亨王假有廟利涉大川利貞

初六　觀難而行、不與險爭，吉。

九二　堅毅剛健、得其所安，故無悔。

六三　盡己之力、努力無後悔。

六四　得位守正、散盡險難，大吉。

九五　陽剛中正、則無災咎。

上九　遠離險難，無災禍。

【註解】

遇到事情何須求神問卜、尋求問題的解答呢？既然已經察覺到人心的離散，唯有建立起信仰，以共同的信念與目標來鞏固人心，凝聚眾人的向心力，如此一來便是有所益處的。

信仰與理念的凝聚需要時間，猶如月初到月中，月亮的光輝已累積到能普照大地的時刻，此時的能量已能將起初的危害轉為吉利了。

辛亥籤　敘釧金

陰世作事未和同，
雲遮月色正朦朧，
心中意欲前途去，
只恐命內運未通。

第四十八首○○○●●●

邵雍云：天地不交之課
人物乖違不通之象

䷋ 天地否　乾金 三世

否之匪人不利君子貞大往小來

初六　團結同志、共同努力、吉利亨通。

六二　包容順承、亨通發展，吉利。

六三　不中不正、上下不交、含羞無恥。

九四　承順天命行事、其志得行，無災咎。

九五　居中得正、警惕思危，吉。

上九　物極必反、否極泰來，喜。

【註解】

作事陰差陽錯，自己過於固執己見的強硬個性，導致無法與人好好溝通，猶如陰氣與陽氣彼此背離，閉塞不相通，以至於遲遲未有成就，好比烏雲遮蔽了月光，儘管你內心一直想往前邁進，恐怕此時時運尚且不是亨通的時候。

王子籤　桑柘木

言語雖多不可從，
風雲靜處未行龍，
暗中察得明消息，
君爾何須問重重。

第四十九首●○○○○○

邵雍云：神劍斬蛟之課
先損後益之象

䷪ 澤天夬　坤土 五世

夬揚于王庭孚號有厲
告自邑不利卽戎利有攸往

初九　躁進無謀、往而不勝，災過也。
九二　戒備慎謀、決事中道，無憂慮。
九三　剛強果決、待時而動，無災咎。
九四　以陽居柔失其剛決、聞言不信以行，凶。
九五　處中而行，免咎而已。
上六　眾所共棄、終必有凶。

【註解】

此時此刻正值小人當道之際，儘管匯集了眾多排除小人的方法，但都不是恰當的作法，由於風未起、雲未動，具備德行的昇龍（君子）無法乘風而起，因此在尚未籌備周全前，必須暗中查訪，取得有利的時機採取行動，如此一來何須求神問卜、指點迷津呢。

壬寅籤　金箔金

佛前發誓無異心，
且看前途得好音，
此物原來本是鐵，
也能變化得成金。

第五十首○●○○○●

邵雍云：調和鼎鼐之課
去故取新之象

火風鼎　離火 二世

鼎元吉亨

初六　去舊納新、傳薪不絕，無災咎。

九二　剛中能謹慎于所行，吉。

九三　剛而能巽、上明下才、終必和合，吉。

九四　不中不正、不量其力，凶。

六五　柔而居中、虛中待賢，利貞。

上九　剛柔適宜，大吉無不利。

【註解】

用大鼎烹調食物，誠心誠意地祀奉神佛，如此一來前途必定神佛保佑，是大吉利且成功的。

凡事不要只看表面就一口斷定它的價值，只要經過好好地調和，將其內在特質提升，將能變生為熟、化堅為柔，即便是鐵塊亦能變成金。

壬辰籤　長流水

東西南北不堪行，
前途此事正可當，
勸君把定莫煩惱，
家門自有保安康。

第五十一首 ●●○●●○

邵雍云：震驚百里之課
有聲無形之象

䷲ 震為雷　震木 八純

震亨震來虩虩笑言啞啞震驚百里不喪匕鬯

初九　戒懼慎恐，不敢違悖法則，吉。

六二　傲尊陵貴、無應而行，守中無自失。

六三　慎謀而行則無災難。

九四　不中不正、陷溺陰私，無法前進

六五　往來皆厲、不失中正則可自守。

上六　處極復往則凶、戒慎修身則無災咎。

【註解】

雷聲震震傳百里，此時是不利於東南西北地往雷聲處遠行的，當變故與震撼來臨時，只要秉持著戒慎恐懼、警惕戰兢的態度去面對，穩固地經營原本既有的事業，不要冒著風險去擴展新領域，如此一來則無須操心、煩惱，前途自然永保安康。

壬午籤　楊柳木

功名事業本由天，
不須掛念意懸懸，
若問中間遲與速，
風雲際會在眼前。

第五十二首●○○○●○

邵雍云：豹變成虎之課
改舊從新之象

澤火革　坎水　四世

革已日乃孚元亨利貞悔亡

初九　不可有為、守正以待時。

六二　居中履正、往吉無災咎。

九三　躁動則凶、詳謀誠信可前往。

九四　剛柔並濟、行事以誠，吉。

九五　陽剛中正、處事明理，合時也。

上六　守正居之則吉，往則凶險。

【註解】

『謀事在人、成事在天』，每個人命運不盡相同，事業成就也是有高有低，不必羨慕也不用妒忌，只要努力耕耘做好自己的本份，不用在意時間的長短，等到時機成熟時，勢必將風起雲湧、功成名就的，猶如國父孫中山先生第十一次革命，時間一到則為人民所信服，改革自然成功。

壬申籤　劍鋒金

看君來問心中事，
積善之家慶有餘，
運亨財子雙雙至，
指日喜氣溢門閭。

第五十三首○●○○●○

邵雍云：網有飛禽之課
大明當天之象

䷝

離為火

離火
八純

離利貞亨畜牝牛吉

初九　敬慎將事則無災過。

六二　中正行事，大吉。

九三　不中不正、不能安常，自樂有凶

九四　咎由自取、天地不容。

六五　憂懼不正、守中得吉。

上九　明察邪惡、斷然排除，無災禍。

【註解】

你的心中充滿著對未來吉凶的不安，只要能夠所作所為麗屬正道、做事行善積德，必定會有喜慶之事蒞臨。

努力培養自己擁有如牝牛般柔順、任重道遠的剛毅特質，如此一來好運與財富將會雙喜臨門，祥瑞喜氣充滿家中。

壬戌籤　大海水

孤燈寂寂夜沉沉，
萬事清吉萬事成，
若逢陰中有善果，
燒得好香達神明。

第五十四首○○●○○●

邵雍云：風行草伏之課
上行下效之象

䷸

巽為風

巽木
八純

巽小亨利有攸往利見大人

初六　剛毅果決、努力勤奮，方能成功

九二　誠信恭敬，吉而無災咎。

九三　志意難伸，窮吝也。

六四　前往可以有功。

九五　大中至正、宣令行事，依貞正而變更，吉。

上九　極巽過甚、窮困至極，得正亦凶

【註解】

旅程的路途上，難免無依無親、燈火寂寥，唯有秉持著恭敬順遜的態度，才能在艱困的旅途中，像風無所不入般地融入在地人群生活，有利地去奮鬥，如此一來即能無往不利。

謙遜恭順的處世態度，不僅能使自己受人敬重，更能有所感動偉大的大人，因此必須三令五申地叮嚀自己，保有此態度，方能有所利。

癸丑籤　桑柘木

須知進退總虛言，
看看發暗未必全，
珠玉深藏還未變，
心中但得枉徒然。

第五十五首●●○○○●

邵雍云：日月常明之課
四時不沒之象

䷟ 雷風恒　震木　三世

恒亨无咎利貞利有攸往

初六　凡事循序漸進、始求深無有利。

九二　長守中道則無悔過。

九三　德行無法居恒守常，
雖貞亦鄙吝。

九四　行事不中正、雖勞無獲。

六五　陰柔之正，婦人之吉、夫子凶。

上六　居極而躁動為恒，凶。

【註解】

目前規劃的所有計劃，在執行的可行性上都是不切實際的，因為週遭的環境與時機是不合適的，然而只要深藏心中的信念始終未變，持續秉持著正道努力地去奮鬥，相信在不久的將來，恆心與堅信正道之信念會開創出亨通的前途。

癸卯籤　金箔金

病中若得苦心勞，
到底完全總未遭，
去後不須回頭問，
心中事務盡消磨。

第五十六首○○○○●●

邵雍云：豹隱南山之課
遠惡遷善之象

天山遯　乾金二世

遯亨小利貞

初六　往有危害，不利前往則無災害。

六二　中正之德可以固其志。

九三　小事吉，不可從大事。

九四　毅然而去不戀棧，吉；當遯不去則否。

九五　行剛健中正之道、時止時行、嘉美而吉。

上九　內心寬裕無疑、超然無不利。

【註解】

一旦小人當道，國家與企業生病之際，儘管君子為此擔憂苦慮，仍然無法挽回局勢，既然時局已經不為君子所擁有，繼續憂慮及掛心只會加深內心的難過，此時唯有懷道抱德、避而守其道，方能有所亨通阿。

癸巳籤　長流水

勸君把定心莫虛，
前途清吉喜安然，
到底中間無大事，
又遇神仙守安居。

第五十七首○●●●●○

邵雍云：龍隱清潭之課
遷善遠惡之象

䷚ 山雷頤　巽木 遊魂

頤貞吉觀頤自求口實

初九　修己守道則福、求祿而競進則凶。

六二　貪求高級享受，凶。

六三　違悖義理、無攸利，雖正亦凶。

六四　養德施賢、無私無慾，吉。

六五　順從上賢、不可危進，居正守固則吉。

上九　以德居尊、時懷危厲，吉。

【註解】

當遇到困難、抉擇時，不要心慌也無須迷惘，只須本著正道之精神，培養自己的德性、充實自身的學識才能，以及保養自己的名聲，只要遵循如此的保養之道，自然前途亨通、吉利的。

修身齊家治國平天下，唯有培養賢能之士，方能將人民福祉提升至更高的層面，使得人人安居樂業、順遂亨通。

癸未籤　楊柳木

蛇身意欲變成龍，
只恐命內運未通，
久病且作寬心坐，
言語雖多不可縱。

第五十八首●○○●○●

邵雍云：河中無水之課
守己待時之象

䷮ 澤水困　兌金　一世

困亨貞大人吉无咎有言不信

初六　自陷深困、居不獲安。
九二　不安分守己，往則凶，守剛中之德則有福慶。
六三　進退危艱、無所適從，不吉祥。
九四　位居不當、窮吝有災厄、執謙之道有善終。
九五　居中履正、誠敬待人，得其福。
上六　處困之極、窮則思變、困則謀通，知悔而行，有脫困得吉利的機會。

【註解】

深陷艱難與困苦處境的你，就好比一條小蛇卻渴望搖身一變成為昇龍，只怕身處困頓之際的你暫時是無法實現了，此時此刻只要堅守著正道，默默地努力、辛勤地做事，不需言語也不宜多言，自然能從困境中脫困而沒有災咎了。

癸酉籤　劍鋒金

有心作福莫遲疑，
求名清吉正當時，
此事必能成會合，
財寶自然喜相隨。

第五十九首○○●●●○

邵雍云：鴻鵠遇風之課
滴水添河之象

䷩ 風雷益　巽木　三世

益利有攸往利涉大川

初九　不可做不合自己身份的厚重之事。

六二　中正至誠，吉祥的。

六三　誠信相孚、守中而行，無災害。

六四　篤行中道、安定穩固。

九五　陽剛中正、誠信以德、施恩大吉

上九　處極位不得其正，會遭遇到凶事

【註解】

如果有心為善植福田，切記趕快去做，不要遲疑不決，此時正是求取名聲與吉利的好時機。

俗語說：「滿招損，謙受益」，只要凡事秉持中正，事情皆能有美好的結果，財富自然會樂於跟隨左右；反之，如果做人處事只想著增益利慾，必然損其德，若是過份驕縱則損其財，不僅運氣逐漸惡化，且有招禍之咎。

癸亥籤　大海水

月出光輝四海明，
浮雲總是蔽陰色，
戶內用心再作福，
當官分理便有益。

第六十首●●●○●●

邵雍云：地下有山之課
仰高就下之象

䷎ 地山謙　兌金五世

謙亨君子有終

初六　謙之至、涉險難，吉。

六二　柔順中正，吉，中心所自得。

九三　安履謙順、常行不變、剛正能終，就吉。

六四　柔順得正、能發揮謙德無不利。

六五　威德相濟，則無不利。

上六　處謙之極，須剛武自治。

【註解】

月亮的光輝本來皎潔明亮，可惜浮雲遮蔽了月光，大地因此黯然失色。好比人如果驕傲橫行，喪失謙讓之德，總是做出違反謙遜之道，勢必易破運招災。

日常居家生活即應該發願心，秉持慈悲心行善、修福德，凡事有理便有益。如在官場擔任要職，更要條理分明、公正不阿，自然有益一生。

美。

做人處事只要步行於謙遜大道，必得有終之

佛家曰：

『內能自謙是功，外能禮讓是德。』

『謙虛到了極點就是無我。』

第二章　卜筮解籤篇

『一陰一陽之謂道』，道的本質乃指天地自然之奧妙，老子道德經亦云：『道生一，一生二，二生三，三生萬物』，宇宙廣大無邊、造物奧妙神奇，儘管人類的歷史已經累積數千年之久，科技技術更是一日千里的蓬勃發展，在浩瀚的宇宙旅行探索中，人類的足跡尚且只能落足地球的衛星——月球而已，甚至於對生存了數千年的環境——地球，人類所能了解的程度也只是麟角鳳毛，舉凡浩瀚的大海深處、地球的地心環境，甚至小如昆蟲界的神祕生活模式，都是人類未知的領域。孟子云：『大而化之之謂聖，聖而不可知之之謂神』，對於能夠知曉一切、先知先覺的賢人，稱為「聖人」，聖人所不能知的領域則謂之「神」。《繫辭上．第五章》有云：『陰陽不測之謂神』，萬物陰陽運行、變化萬千，所以用「神」來形容其奧妙之處。

然而，就連聖人都未必知曉的奧妙現象，一般的民眾要如何能夠通曉真理呢？《繫辭上．第五章》有云：『極數知來之謂占，通變之謂事』，究以陰陽極數（六、九之數）演繹卦象，由卦象含意鑑往知來，此為占。

《繫辭上．第十章》云：『參伍以變，錯綜其數。通其變，遂成天下之文。極其數，遂定天下之象。非天下之至變，其孰能與於此？』陰陽奇耦之數，彼此五行三才，孕育出萬千變化，而此變化皆在八卦之中。由此可知，鬼神奧妙源自於陰陽，而陰陽之道盡在八卦之中，因此，如何通曉聖人猶未可知鬼神奧妙之道，唯有卜卦方能通往此大道。

占卜或卜卦乃使用龜甲、竹頭、籤條、硬幣或是數字，以火燒或是搖擲方式來占斷。占筮或筮卦則是利用蓍草或竹策五十根，經過分、掛、揲、扐十八變方成一卦，多以周易卦辭、爻辭來論斷。

然而古代的卜筮法過程繁雜難學，因此以下將介紹兩種最簡單的卜筮方法：

一、以單一硬幣連續投擲六次，每投擲一次則紀錄其陰（⚋）陽（⚊），人像面為陽，文字面為陰，且由下往上紀錄。

二、將一副象棋覆蓋在桌上，一次拿一子，連續拿六子翻開放在旁邊，由下而上紀錄，紅子為陽（○）、黑子為陰（●）。

虔誠求卜的方法如下：

以自身信仰之對象來默禱求卦即可，若無特別宗教信仰就祈求觀世音菩薩，方法為下：閉目凝神，去除心中雜念，雙掌合十默禱「南無大慈大悲觀世音菩薩」賜我一卦，吉凶得失尚請觀音菩薩指示。然而須謹記在心的是蓋至誠可以知禍福，中庸有云：『誠者，自成也』、『誠者，物之終始，不誠無物』，又謂『誠則形、形則著、著則明、明則動、動則變、變則化，唯天下至誠為能化』。萬法唯心、心誠則靈，切記「同一事件不可以再占」。蒙卦有云：『初筮告，再三瀆，瀆則不告』。

易經分上下兩篇，上經始於乾坤，首言造化之理，下經則言人倫之常，上經三十卦，下經三十四卦，然而甲子只有六十，為了能夠將籤詩配卦，因此將由下經拿掉四卦不用，如此上經與下經將會平衡、對稱，以下將針對此四卦做一個說明：

○○○○○●

天風姤

邵雍云：風雲相濟之課
謀望終凶之象

陰微漸盛反消陽　肆欲敗德難終一
不夠虔誠心不閒　行進困難勿用求

●●○●○○

雷澤歸妹

邵雍云：浮雲蔽日之課
陰陽閉塞之象

吉中帶凶有波折　悅而動非禮之正
爻位不當不交感　進退莫與無有利

●●○○●○

雷火豐

邵雍云：日麗中天之課
水中日影之象

月既盈滿則虧缺　盛極難周恐有禍
奢華誇張必退敗　萬物盛衰定有序

○●○○●●

火山旅

邵雍云：如鳥焚巢之課
樂極生悲之象

汲汲遑遑無效果　貪玩放蕩不知止

鄙猥瑣細取災咎　失其安居終極凶

卦與籤詩的搭配及解釋已於前述所云，接下來將以例子說明當卦象卜筮後，如何針對祈求問題去做解卦的流程步驟：

一、依上述卜筮方式以硬幣或象棋求出卦象。

二、確認所求出之卦象為何：如為**天風姤**、**雷澤歸妹**、**雷火豐**、**火山旅**等四卦，則以上述四卦之詩詞與邵雍云直接做解即可。

三、所求之卦象如為其他六十卦，則以三才五行相生相剋之道確定將以卦辭或爻辭來解釋吉凶。

◆三才五行卦爻斷吉凶法：

當卦已求出，則須以三才（天、地、人）五行（金、木、水、火、土）來決定要以卦辭或爻辭來斷吉凶。以籤詩（甲子五行）為天、卦之五行為地、當事人的生肖加上求卦當日之天干定五行，由天、地、人的五行來看彼此的相生相剋。

當天、地生我或者同我（相同的五行）時，則用卦辭（籤）來斷，若天或地與我有剋則用爻辭斷，至於要用哪爻論斷則須以當事人的歲數加上求卦時的時辰數，總和再以6（六爻）來除，餘數為一則為初爻、餘數為二則為二爻……整除則為上爻。

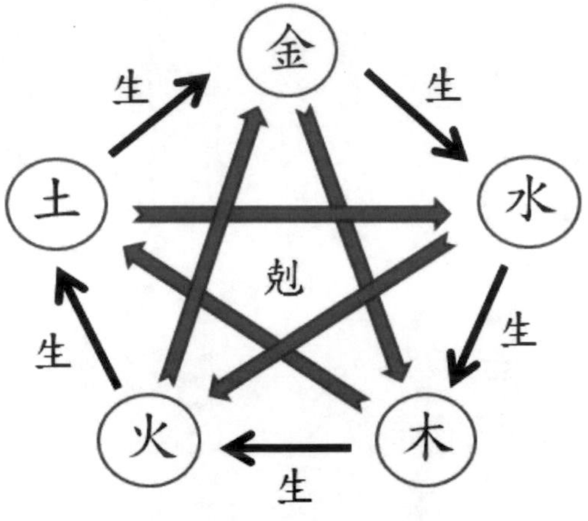

五行相生相剋圖

生肖＼日干	甲己	乙庚	丙辛	丁壬	戊癸
子丑	水	火	土	木	金
寅卯	火	土	木	金	水
辰巳	木	金	水	火	土
午未	土	木	金	水	火
申酉	金	水	火	土	木
戌亥	火	土	木	金	水

當事人之五行表

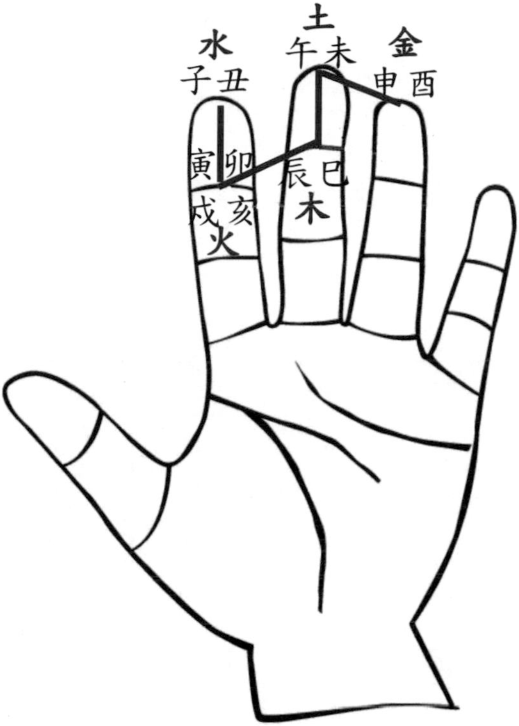

當事人五行掌訣：

以當事人的生肖為起點，依金、水、火、土、木的順序算到抽籤日的天干定五行。

舉例說明：

當事人生肖屬龍，於丙日抽籤者，則由辰（木）起甲，後面依序申酉（金）為乙、子丑（水）為丙，因此此人五行屬水。

歲數	地支	時間	時辰數
11	子（鼠）	23-1	1
10	丑（牛）	1-3	2
9	寅（虎）	3-5	3
8	卯（兔）	5-7	4
7	辰（龍）	7-9	5
6	巳（蛇）	9-11	6
5	午（馬）	11-13	7
4	未（羊）	13-15	8
3	申（猴）	15-17	9
2	酉（雞）	17-19	10
1	戌（狗）	19-21	11
12	亥（豬）	21-23	12

時辰表

備註：

以上表之歲數欄位的數字乃為今年１０７年（戊戌年）的歲數。

明年１０８年（己亥年）歲數須加一，亥為一、戌為二、酉為三……子為十二。

後年１０９年（庚子年）歲數再加一，亥為二、戌為三、酉為四……子為一。

以下將舉例來說明（象棋卜筮之結果如下圖所示）：

有一生肖屬馬的A男，在癸卯日的午時（十一點——一點）用象棋卜筮到一卦蠱卦（戊戌籤），依前述籤詩配卦可知戊戌籤（天）屬木、蠱卦（地）屬木，而依當事人之五行表來看，當事人的生肖（生肖馬地支為午）加上求卦當日之天干（癸干）屬火（人），依五行相生相剋圖來看，木（天、地）生火（人），則此人僅以卦辭來斷即可；假如所求籤詩（天）或卦象（地）其中一個屬水，則水剋火，有天、地剋我或我剋天、地則須以該卦爻辭來論斷，參照時辰表，以歲數（馬為5）加上求卦時的時辰數（午時為7），總數再除以6，整除則為以蠱卦上爻來論斷——**蠱卦上爻：「高尚節操，獨善其身」**。

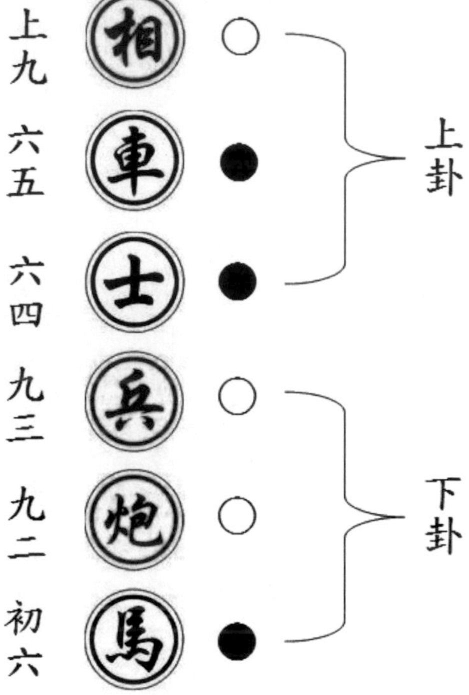

象棋卜筮之結果

上卦為山、下卦為風

卦名山風蠱

篇後語

寧靜的夜晚伴隨著響亮的鞭炮聲，今天又是外地香客絡繹不絕進香的週末，台灣宗教文化相當盛行，大甲媽祖出巡繞境更有著世界三大宗教活動之一的美名，台灣廟宇數量更是多達了一萬多座，由此可知宗教的精神力量對台灣人民的重要性。

台灣宗教文化具有許多特色，而求籤問事解惑更是當中一大特點，籤詩種類繁多，其中又以六十甲子籤詩與百首籤詩最為常見，由於本書主要探討六十甲子籤詩搭配易經六十四卦之研究，因此以下將以六十甲子籤詩為主做說明：

近二十年來坊間開始出現有人自行將六十甲子籤詩重新搭配易經六十卦，方法大致有四種：

第一種是將易經序卦傳的卦序搭配甲子籤、乙丑籤、……；第二種則是以伏羲六十四卦方位圖結合甲子籤、乙丑籤……，此兩種配法的共同之處在於皆將乾卦、坤卦、坎卦、離卦四卦拿掉，用剩下的六十卦來與籤詩做組合；第三種則是想重新組合，搭配到一半發現無法繼續找到合理的配法而被迫中止，卻又沒有將修改過的恢復成原狀，導致有重複的卦出現；第四種則是完全毫無邏輯與原則的亂配。

乾卦、坤卦、坎卦、離卦乃為易經中的八純卦，在易經六十四卦中扮演著極為重要的地位，在籤詩配卦的過程中是絕對不能拿掉這四卦的，再者，易經分為上下兩經，上經三十卦、下經三十四卦，根據易理陰陽平衡之道，因此從下經拿掉四卦，使其上經三十卦、下經三十卦，上下平衡方能生孕育萬物。

籤詩扮演著為人指點迷津的重責大任，然而現今的六十甲子籤詩配卦卻是錯誤搭配，完全失去了最初蘊含的易理，錯誤的配卦法如何能帶給心中有所疑惑的人們正確的指引呢，甚至於還會提供了錯誤的方向，猶如紫微斗數流傳三千年之久，歷經口耳相傳所造成的偏差，以及後世牽強附會之修改或新增，導致現在紫微斗數亂象叢生，已經失去斗數源自易經易理之根據（例：現今斗數皆以破軍星是一個破壞力極強的一顆壞星，殊不知在正統紫微斗數中，破軍星是艮卦的象徵，是很好的卦象）。

籤詩由於廟宇的普及所以更貼近人民，因此錯誤的籤詩配卦將會帶來更大的亂象與負面影響，本書就是基於此緣由而迫切誕生的，希望能藉由正確的六十甲子籤詩配卦的問世，將六十甲子籤詩配卦的錯誤及亂象更正，藉此回溯正統！

戊戌年端午　書於嘉義新港

國家圖書館出版品預行編目資料

觀音聖籤易解／方哲倫 著. --初版.--臺中市：
白象文化，2018.11
面； 公分
ISBN 978-986-358-742-2（平裝）
1.籤詩 2.易占
292.7 107017864

觀音聖籤易解

作　　者　方哲倫
校　　對　方哲倫
專案主編　黃麗穎
出版編印　吳適意、林榮威、林孟侃、陳逸儒、黃麗穎
設計創意　張禮南、何佳諠
經銷推廣　李莉吟、莊博亞、劉育姍、李如玉
經紀企劃　張輝潭、洪怡欣、徐錦淳、黃姿虹
營運管理　林金郎、曾千熏
發 行 人　張輝潭
出版發行　白象文化事業有限公司
412台中市大里區科技路1號8樓之2（台中軟體園區）
出版專線：（04）2496-5995　傳真：（04）2496-9901
401台中市東區和平街228巷44號（經銷部）
購書專線：（04）2220-8589　傳真：（04）2220-8505
印　　刷　普羅文化股份有限公司
初版一刷　2018年11月
定　　價　430元